CONSEILS PRATIQUES POUR RÉUSSIR AU SECONDAIRE

CLAUDE RIVARD, M.A.

DIRECTEUR GÉNÉRAL
Martin Rochette

RÉVISION LINGUISTIQUE
Martine Pelletier

DIRECTION ARTISTIQUE
Bernard Méoule

PHOTOGRAPHIES
Alain Vézina, pages 13, 17, 22, 27, 32, 39, 42, 47, 50, 54, 61, 64, 68, 72, 78, 82, 90, 94
Jacques Lessard, page 87

INFOGRAPHIE
Francine Bélanger
Nathalie Perreault

Dépôt légal – 3e trimestre 1995
Bibliothèque nationale du Québec
Bibliothèque nationale du Canada

ISBN 2-921481-93-6
Imprimé et relié au Québec
Impression: **Interglobe inc.**

Les Éditions Septembre
2825, ch. des Quatre-Bourgeois
C.P. 9425
Sainte-Foy (Québec) G1V 4B8
Téléphone: (418) 658-9123
Sans frais: 1-800-361-7755
Télécopieur: (418) 652-0986

TABLE DES MATIÈRES

AVANT-PROPOS

Ce livre a été écrit pour ceux qui veulent réussir leurs études tout en étant heureux, en harmonie avec leurs parents et leurs enseignants, tout en continuant à avoir une vie sociale agréable et des loisirs.

Étudier ne signifie pas entrer en guerre avec ses parents et les adultes de l'école. Étudier, ce n'est pas non plus s'enfermer et s'isoler totalement.

Étudier, c'est d'abord savoir s'organiser, c'est-à-dire avoir une méthode d'étude et savoir planifier son temps.

Étudiant, j'ai expérimenté tous les trucs sur la réussite contenus dans cet ouvrage. Je les utilise encore dans ma vie professionnelle.

■ Par exemple, comme je travaille une journée par semaine dans une école anglophone, j'ai décidé d'améliorer mes connaissances de la langue anglaise. Je veux augmenter mon vocabulaire. Je me suis fait une liste de mots nouveaux et chaque semaine j'en ajoute un certain nombre. Quand j'ai du temps libre, je prends quelques minutes pour relire ma liste, de la première à la dernière page, sans faire d'effort pour retenir les mots. De septembre à décembre, j'ai appris 500 nouveaux mots.

Depuis quelques années, je transmets des petits trucs semblables à des jeunes qui en font l'expérience à leur grande satisfaction.

La méthode présentée dans le présent volume n'est pas réservée à une catégorie d'élèves. Elle est à la portée de tous ceux qui veulent vraiment réussir.

■ Par exemple, Jérôme avait beaucoup de difficultés à l'école. Il en est venu à douter de son intelligence. Il avait tellement perdu confiance en lui qu'il décida d'abandonner l'école.

Comme beaucoup d'autres jeunes, après quelques mois sur le marché du travail, Jérôme décida de reprendre ses études. Il réintégra l'école avec la ferme intention d'obtenir son diplôme d'études secondaires. Un de ses enseignants lui fit alors connaître la méthode d'étude décrite dans le présent livre. Jérôme l'utilisa, termina son cours secondaire et obtint son diplôme (DES) avec des notes supérieures à 70 %.

C'est parce que cette méthode est vraiment efficace qu'elle fait l'objet du présent volume. Celui-ci pourra en faire profiter encore plus de jeunes.

Cette méthode vaut la peine d'être connue et essayée.

L'auteur

INTRODUCTION

Trente ans de travail dans le domaine de l'éducation, particulièrement auprès des décrocheurs, m'ont permis de recevoir les confidences des jeunes au sujet de leurs principales préoccupations. Celles-ci se résument par les deux questions suivantes:

«Est-ce que je dois terminer mes études secondaires ou lâcher l'école?»

«Quelle place m'est réservée sur le marché du travail sans diplôme?»

Il y a ceux qui quittent l'école...

Bon nombre des élèves du secondaire qui ont eu à répondre à ces questions ont quitté l'école.

Laissons parler les chiffres

LES ÉLÈVES AYANT QUITTÉ L'ÉCOLE DE 1975 À 1992			
	GARS	FILLES	GARS + FILLES
1975-1976	35 100*** 53,1 %	28 500*** 42,6 %	63 600 47,9 %
1980-1982	25 800 40,8 %	19 500 33,8 %	45 300 37,4 %
1985-1986	18 900 32,1 %	12 500 22,1 %	31 400 27,2 %
1986-1987	19 900 40,8 %	13 400 29,3 %	33 300 35,3 %
1987-1988	21 500 41,5 %	14 300 29,7 %	35 700 35,8 %
1989-1990	** 42,0 %	** 28,0 %	** 35,2 %
1990-1991	** 40,2 %	** 27,2 %	** 33,9 %
1991-1992	** 38,2 %	** 25,9 %	** 32,2 %

Source: MEQ, *Indicateurs sur la situation de l'enseignement primaire et secondaire 1990* et 1993.
** seuls les % sont fournis pour ces années
*** probabilités de quitter l'école sans diplôme

On peut estimer, sans trop se tromper, qu'environ 30 000 jeunes quittent l'école sans diplôme chaque année.

Il y a ceux qui veulent rester à l'école...

■ Parmi les élèves qui se posent ces questions, plusieurs disent: «Je ne veux pas quitter l'école car je sais que j'en ai besoin pour faire le métier que j'aime, mais je ne sais pas exactement quoi faire pour y demeurer.»

Que répondre à toutes ces interrogations?

■ La réponse est simple: éviter les échecs.

Pourquoi éviter les échecs?

■ Parce que les échecs et le mauvais rendement scolaire figurent parmi les principaux facteurs d'abandon scolaire.

Une petite enquête menée auprès des décrocheurs de la commission régionale Lignery a permis de faire ressortir les principales causes d'abandon scolaire, au nombre de trois:

LES MOTIFS D'ABANDON[1]	FRÉQUENCE
■ «Je foxais* mes cours»	52,6 %
■ J'avais des échecs dans mon bulletin	33,3 %
■ Je n'étudiais presque pas	33,3 %

* Foxer est un terme employé par les jeunes et qui signifie «sécher ses cours» ou «s'absenter de l'école sans raison».

1. Rivard, C. *Les décrocheurs scolaires, les comprendre, les aider*, Éditions Hurtubise HMH, LaSalle, 1992.

Un fait à remarquer: les élèves qui échouent sont ceux qui disent ne pas étudier.

Une étude effectuée auprès de 2 115 élèves du secondaire révélait un taux d'échec de 53 % au bulletin de novembre 1993.

L'ÉTUDE ET L'ÉCHEC (2 115 ÉLÈVES INTERROGÉS)	
■ N'étudient que la veille des examens	54 %
■ N'étudient jamais	21 %
■ Négligent les devoirs	36 %
■ Sautent un repas ou plus	23 %
■ Travaillent à l'extérieur après l'école	58 %

L'étude semble un bon moyen d'éviter les échecs.

■ L'échec scolaire répété mine l'estime de soi, la confiance en soi et l'espoir de s'en sortir. Le manque d'espoir s'exprime dans le découragement et le désir de tout lâcher.

Que faire pour enrayer les échecs? La réponse à cette question est complexe et fait l'objet de l'ensemble du présent ouvrage.

AVOIR UN BUT

La motivation scolaire. Bon nombre de jeunes n'étudient pas parce qu'ils ne sont pas motivés. Ils viennent à l'école sans avoir la moindre idée de l'utilité de l'école dans leur vie. Ils n'ont pas de rêve d'avenir. Sans but, sans rêve d'avenir, l'école et l'instruction perdent toute signification.

Elles ne motivent pas l'élève, elles ne lui donnent pas le goût de l'étude, elles ne lui fournissent pas de motif valable à l'effort.

Quand un élève se demande que faire pour trouver une motivation à l'étude, voilà ce que je lui réponds:

«Au primaire, on va à l'école parce que les parents nous disent de le faire. On ne sait pas trop à quoi servent les études et où elles peuvent mener. Au secondaire, on a davantage besoin de savoir pourquoi on fait telle ou telle chose et on réalise qu'il est ennuyeux d'aller à l'école uniquement pour faire plaisir aux autres. Avoir un but peut rendre l'école plus intéressante. Avoir comme but d'exercer le métier de ses rêves, par exemple.»

Plusieurs personnes-ressources de l'école peuvent aider les jeunes à trouver une motivation à poursuivre leurs études. L'une d'entre elles est le c.o., c'est-à-dire le conseiller d'orientation.

Il y a aussi d'autres ressources telles que le centre d'information scolaire et professionnelle (CISEP) de l'école où fourmillent une foule de renseignements sur la plupart des professions et, bien sûr, les professeurs d'éducation au choix de carrière (ECC).

Quelques chiffres

- En 1984, un test de dépistage des décrocheurs scolaires a été soumis à 250 élèves de 2e secondaire.

Cinquante de ces élèves, soit 20 %, furent identifiés comme des décrocheurs potentiels.[2]

LES ÉLÈVES SOUMIS AU TEST	LES DÉCROCHEURS DÉPISTÉS	%
250	50	20

Des entrevues individuelles d'une heure ont révélé que les décrocheurs potentiels venaient tous à l'école sans but, sans rêve d'avenir.

2. RIVARD, C. *Les décrocheurs scolaires, les comprendre, les aider*, Éditions Hurtubise HMH, LaSalle, 1992, p. 132.

Derrière l'ennui

■ *Au mois de juin, pendant la dernière semaine d'examens de fin d'année, une enseignante frappa à ma porte. Elle était accompagnée de Daniel, un élève de 4e secondaire.*
Daniel possédait certaines caractéristiques propres aux décrocheurs scolaires: absences nombreuses, dont six jours dans les deux premiers mois de l'année, chute des notes, particulièrement en français.[3]
Il était refusé aux examens de juin à cause de ses nombreuses absences. Daniel était découragé et déprimé. La première rencontre eut lieu sur-le-champ.
Daniel était très affecté par le fait d'être refusé aux examens. Selon lui, le principal motif de ses absences était l'ennui à l'école. «Je trouve le temps long à l'école, dit-il, je ne sais vraiment pas à quoi ça va me servir!»
Au cours de la deuxième rencontre, je proposai à Daniel d'explorer diverses possibilités de carrières à l'aide du système REPÈRES (logiciel contenant des renseignements sur la plupart des programmes d'études offerts au secondaire, au collégial et à l'université).
Daniel aurait bien aimé avoir un diplôme, mais sans faire de longues études. Nous avons donc exploré les métiers de formation professionnelle au secondaire qui exigent en moyenne un an et demi d'études après la 4e secondaire. Il s'arrêta sur les programmes en électronique. À mesure qu'il prit connaissance des divers aspects de ce secteur d'activité, ses yeux s'illuminèrent comme si un courant électrique le traversait. Il releva la tête avec enthousiasme et me dit: «Ça, ça m'intéresse».
L'année suivante, Daniel revint à l'école avec en tête son rêve d'avenir: l'électronique. Il reprit la 4e secondaire. Daniel s'absenta très peu souvent et obtint une moyenne de 80 %.

3. COMMISSION DES ÉCOLES CATHOLIQUES DE MONTRÉAL, *Abandon scolaire au secondaire*, 1975.

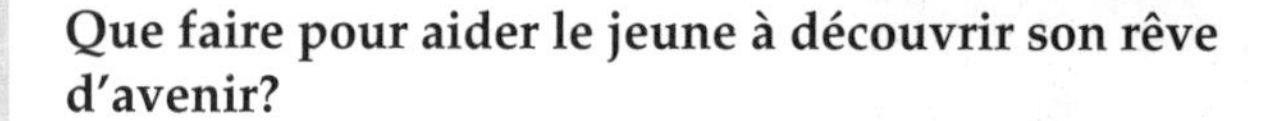

Que faire pour aider le jeune à découvrir son rêve d'avenir?

- Prévoir des moments pour discuter de carrières en famille. Au souper, par exemple, où chacun est de retour au foyer sans être pressé de repartir.
- Amorcer le dialogue sur ce sujet par une nouvelle qui peut être la remise des diplômes, le premier emploi ou la nomination d'une personne connue de la famille, la création de nouveaux emplois dans un domaine précis, une fermeture d'usine, etc.
- S'enquérir auprès du jeune s'il y a un métier ou une profession qu'il aimerait exercer après ses études. Une réponse affirmative permettra d'être à l'affût de toute information concernant la profession ou le métier que le jeune envisage d'exercer plus tard; une réponse indécise permettra d'explorer avec le jeune diverses sources d'information telles que le professeur d'éducation au choix de carrière, le conseiller en orientation et le centre d'information scolaire et professionnelle de l'école.

Ce qu'il faut éviter

- Éviter d'orienter le choix de carrière de l'enfant en fonction de critères personnels qui ne respectent ni les goûts ni les aptitudes du jeune. Par exemple, dévaloriser certains métiers sous prétexte qu'ils ne sont pas assez rémunérateurs ou encore suggérer le métier ou la profession qu'on n'a pu exercer soi-même.

S'accrocher à son rêve. Depuis la Révolution tranquille, les années soixante, la technologie a fait des pas de géant. Le modernisme s'est installé dans bon nombre de foyers, donnant souvent aux enfants l'impression que tout est facile et gratuit.

Or, l'étude exige de l'effort et bon nombre de jeunes n'ont pas l'habitude d'en fournir. C'est peut-être pourquoi ils étudient trop peu et ne remettent pas certains travaux.

À un jeune qui me demande quoi faire pour réaliser son rêve d'avenir, je réponds:

«Tu as un rêve d'avenir et tu veux le réaliser? Le premier moyen, c'est l'étude. Dans le monde où nous vivons, tout se gagne. Les choses vraiment gratuites sont rares. Un diplôme et la compétence, ce n'est pas gratuit.

Très peu de gens qui n'étudient pas réussissent.

Ils peuvent obtenir la note de passage, mais est-ce vraiment cela réussir?

Réussir, c'est atteindre son but et réaliser son rêve d'avenir.

Chaque année des centaines d'élèves sont refusés au cégep. La plupart d'entre eux ont un diplôme d'études secondaires (DES) avec la stricte note de passage.

Quelques chiffres

- Voici quelques résultats d'une étude[4] effectuée auprès de 2 115 élèves du secondaire après le bulletin de novembre 1993.

LES ÉCHECS AU BULLETIN DE NOVEMBRE 1993	
Aucun échec	**47 %**
1 échec	26 %
De 2 à 5 échecs	25 %
5 échecs et plus	2 %
Qui ont des échecs	**53 %**

4. RIVARD, Claude. «L'étude et les travaux scolaires: la condition pour réussir à l'école» dans *La Passerelle (*Revue de la Fédération des professionnelles et professionnels de l'éducation du Québec (CEQ), vol. 8, nº 1, septembre - octobre 1994, p. 8 et 9).

LES HABITUDES DES ÉLÈVES, ÉTUDE À LA MAISON	
Étudient chaque soir	25 %
Étudient la veille des examens	54 %
N'étudient presque jamais	21 %
Négligent l'étude	75 %

En observant le tableau des échecs, on constate que 75 % des élèves négligent l'étude et que seulement 53 % ont des échecs. Que sont devenus les autres 22 % qui négligent les études?

Leur négligence s'est fort probablement traduite par une diminution des notes.

Pour l'élève moyen, se situant autour de la note de passage de 60 %, une diminution des notes peut facilement entraîner l'échec.

Pour l'élève au-dessus de la moyenne, une diminution des notes n'entraîne pas un échec mais une diminution des aspirations, c'est-à-dire l'abandon d'un rêve d'avenir. En effet, l'élève n'aura peut-être plus les notes suffisantes pour réaliser son rêve.

Passer de justesse n'est pas réussir

■ *Un jour, deux jeunes de 3e secondaire sont venus me consulter.*

«Je veux être technicien en informatique, me dit l'un.

— J'aimerais être ingénieur, ajouta l'autre.

— Vous devez vous inscrire en mathématiques 436 l'an prochain et pour cela, en juin, vous devez avoir 70 % en mathématiques 314.

Ces deux jeunes prirent un air attristé.

— Ça va? demandai-je.

— Non, ça ne va pas. On n'aura jamais 70 % en mathématiques à la fin de l'année. On a 60 % et on est déjà en avril.

— Avez-vous de la difficulté en mathématiques? dis-je.

— Non, répondirent-ils. On n'a pas vraiment de problème, mais on n'a pas étudié très fort. On ne savait pas que la note de juin en maths était si importante pour avoir droit aux options.»

Obtenir 60 % dans une matière sans avoir étudié n'est pas vraiment une réussite.

L'étude est primordiale pour avoir de bons résultats et s'inscrire dans le programme de son choix ou simplement pour ne pas échouer aux examens.

L'étude n'est malheureusement pas toujours valorisée par les jeunes. Certains jeunes, surtout des garçons, n'osent pas avouer qu'ils étudient parce qu'ils ne veulent pas passer pour des «bolés» ou encore parce qu'ils veulent paraître plus virils, car, pour beaucoup d'entre eux, l'étude et les devoirs bien faits, c'est l'affaire des filles.

Il ne faut pas toujours croire ceux qui disent réussir sans étudier. Selon des témoignages, un bon nombre de ces personnes étudient régulièrement, mais ne le disent pas.

RECOMMANDATIONS AUX PARENTS

Que faire pour que le jeune étudie?

- Inciter le jeune à l'étude en s'enquérant si des devoirs doivent être faits et si des leçons doivent être apprises.
- Superviser l'enfant, c'est-à-dire s'assurer que l'étude et les devoirs ont bien été faits.
- Négocier le consentement du jeune à consacrer un nombre précis d'heures à l'étude et aux travaux scolaires en échange de certaines permissions, de privilèges ou de toute autre récompense de la part des parents; noter le contenu de l'entente sur une feuille blanche portant la signature des parents et celle de l'enfant.
- Garder à l'esprit que cette négociation entraîne souvent une hausse des résultats scolaires qu'il est important de valoriser.
- Se souvenir que la valorisation des efforts prime sur les résultats scolaires, car les résultats ne sont pas nécessairement proportionnels à l'effort accompli.

Ce qu'il faut éviter

- En cas de non-respect de l'entente de la part du jeune, éviter de retirer plus de privilèges que l'entente n'en prévoit.
- Éviter de toucher aux privilèges de l'entente en représailles pour quelque chose d'autre.
- Éviter les punitions qui dépassent les limites de l'entendement. Par exemple, ne pas menacer un jeune de 16 ans de lui «défendre de voir sa copine».

Savoir gérer son temps. Les élèves se plaignent souvent qu'ils manquent de temps pour étudier. Selon des témoignages, savoir s'organiser se résume souvent pour eux à utiliser des moments creux pour l'étude, moments qui, autrement, seraient perdus.

Il en est ainsi pour Caroline. L'autre jour, elle a réalisé qu'elle avait une bonne heure de temps libre avant le souper. Elle décida d'étudier 30 minutes pour pouvoir avoir 30 minutes de plus de loisirs en soirée.

Quelques chiffres

■ Neuf élèves sur dix rencontrés en relation d'aide n'ont pas de méthode d'étude et ne savent pas comment organiser leur temps d'étude à la maison. En conséquence, ils n'étudient pas et sont en situation d'échec.

Le temps au secours de l'intelligence

■ *Virginie frappa à ma porte. Elle venait de recevoir son bulletin, qui comportait plusieurs échecs. Elle était découragée. Elle se croyait moins intelligente que les autres élèves. Elle doutait de pouvoir terminer son cours secondaire. Abandonner l'école lui paraissait la seule solution à ses problèmes.*
Quels étaient ses problèmes?
Virginie était en conflit avec ses parents et les adultes de l'école à cause de ses mauvais résultats scolaires. La plupart du temps, elle était réprimandée. Elle en avait assez de tout cela. Elle venait me consulter pour que je l'aide à améliorer son rendement scolaire.
«Combien de temps consacres-tu à l'étude quotidiennement? lui demandai-je.
— Environ vingt minutes par soir, répondit-elle.
— Peut-être que si tu étudiais un peu plus tu réussirais, car si tu as été classée en régulier, c'est parce que tu en es capable. Tu en es sûrement aussi capable que les autres.
— Oui, mais je n'ai pas le temps d'étudier plus.»
Ensemble, nous avons fait le bilan de ses temps libres entre son arrivée de l'école et le coucher. Le résultat fut le suivant.

LE BILAN DES TEMPS LIBRES		
Questions	**Réponses**	**Temps libres**
À quelle heure arrives-tu chez toi après l'école?	*16 h 30*	
À quelle heure te couches-tu?	*22 h 30*	
De combien d'heures disposes-tu entre 16 h 30 et 22 h 30?		*(6 heures)* *360 minutes*
Supposons que tu prends 30 minutes pour te reposer en arrivant de l'école.	*30 minutes*	*– 30 minutes*
Combien de temps prends-tu pour souper?	*30 minutes*	*– 30 minutes*
Après le repas, il est important de prendre au moins 30 minutes pour digérer avant de s'installer pour étudier.	*30 minutes*	*– 30 minutes*
1er bilan 360 minutes – 90 minutes		*270 minutes* *(4 heures 30 minutes)*
Maintenant, enlève 75 minutes d'étude.		*– 75 minutes* *(1 heure 15 minutes)*
2e bilan 270 minutes – 75 minutes		*195 minutes* *(3 heures 15 minutes)*
Maintenant, enlève 60 minutes pour les devoirs.		*– 60 minutes* *(1 heure)*
3e bilan 195 minutes – 60 minutes		*135 minutes* *(2 heures 15 minutes)*
RÉSUMÉ		
Après un temps de repos en arrivant *Après avoir soupé* *Après avoir fait un peu d'exercice* *Après avoir étudié* *Après avoir fait des devoirs*	*30 minutes* *30 minutes* *30 minutes* *75 minutes* *60 minutes* ——— *225 minutes* *(3 heures 45 minutes)*	***Bilan final*** *360 minutes* *(6 heures)* *– 225 minutes* *(3 heures 45 minutes)* ***Temps qui reste*** *135 minutes* *(2 heures 15 minutes)*

Virginie constata qu'elle disposait de beaucoup plus de temps qu'elle ne le croyait, à condition, bien sûr de savoir s'organiser. Elle sourit doucement, comme si l'espoir commençait à renaître en elle.

RECOMMANDATIONS AUX PARENTS

Que faire dans le cas d'un jeune qui n'étudie pas?

- D'abord, s'informer des motifs qui empêchent celui-ci d'étudier.
- Ensuite, lui apporter de l'aide en lui fournissant une méthode d'étude et une façon de gérer son temps d'étude à la maison, le présent ouvrage pouvant servir de source d'inspiration.
- S'informer auprès de l'école pour connaître la personne-ressource dans ce domaine et conseiller à l'enfant d'aller la consulter.

Ce qu'il faut éviter

- Éviter d'interpréter hâtivement le désarroi et le manque d'organisation de l'enfant comme étant de la paresse.
- Éviter de disputer le jeune et de le punir lorsque ce dont il a véritablement besoin est de l'aide.
- Éviter d'imposer un horaire d'étude à l'enfant sans tenir compte de ses autres activités.
- Éviter de considérer l'étude et les devoirs comme l'unique occupation du jeune après l'école sans tenir compte de son besoin de poursuivre des activités sociales et sportives.

UN OUTIL: L'HORAIRE

Dresser son horaire. Toute personne qui veut organiser quelque chose commence d'abord par faire un plan. Le plan indique ce qu'il faut faire, quand et comment le faire ainsi que le matériel nécessaire. Peut-on sérieusement penser organiser son temps d'étude sans d'abord faire un plan?

L'horaire d'étude à la maison tient lieu de plan. L'horaire indique les jours et les heures d'étude et détermine le temps à consacrer à chaque matière.

L'HORAIRE D'ÉTUDE À LA MAISON					
Heures	**Lundi**	**Mardi**	**Mercredi**	**Jeudi**	**Vendredi**

Source: Rivard, Claude, *Le groupe de motivation en milieu scolaire*, Éditions Hurtubise HMH, 1992.

LE POURCENTAGE DES ÉLÈVES QUI ÉTUDIENT	
▪ Chaque soir	25 %
▪ La veille des examens	54 %
▪ Presque jamais	21 %
▪ Qui négligent l'étude	75 %
▪ Qui ont des échecs	53 %

Quelques chiffres

■ Comme le démontre le tableau sur l'étude à la maison, seulement 25 % des élèves étudient régulièrement. Le pourcentage des élèves qui étudient la veille des examens et le pourcentage d'échecs sont pratiquement les mêmes. L'horaire d'étude incite à l'étude régulière et quotidienne.

Le temps est coupable... en tranches

■ *Sébastien, qui voulait améliorer son rendement scolaire, me demanda:*
«Combien de temps doit-on consacrer à l'étude à la maison en plus des devoirs?
— Je suggère aux élèves qui veulent éliminer les échecs et augmenter leurs notes d'étudier environ 75 minutes par soir.
— Je ne serai jamais capable de rester assis à étudier pendant 75 minutes, rétorqua-t-il.
— Personne ne te parle de passer 75 minutes d'affilée assis à étudier. Comme te le montre le tableau suivant, tu peux diviser les 75 minutes en trois blocs de 30, 25 et 20 minutes. Entre ces trois blocs, tu peux placer des activités autres que scolaires: une émission de télévision, des téléphones, etc.»

L'HORAIRE D'ÉTUDE À LA MAISON					
Heures	**Lundi**	**Mardi**	**Mercredi**	**Jeudi**	**Vendredi**
17 h à 17 h 30 **30 minutes** Découpage **15, 15**	Mathéma- tiques **15 minutes** Histoire, géographie ou biologie **15 minutes**	Mathéma- tiques **15 minutes** Histoire, géographie ou biologie **15 minutes**	Mathéma- tiques **15 minutes** Histoire, géographie ou biologie **15 minutes**	Mathéma- tiques **15 minutes** Histoire, géographie ou biologie **15 minutes**	Mathéma- tiques **15 minutes** Histoire, géographie ou biologie **15 minutes**
19 h à 19 h 25 **25 minutes** Découpage **15, 10**	Français **15 minutes** Français **10 minutes**		Français **15 minutes** Français **10 minutes**		Français **15 minutes** Français **10 minutes**
20 h à 20 h 20 **20 minutes** Découpage **10, 10**	ECC **10 minutes** Morale **10 minutes**				

■ Les périodes d'étude et les matières à étudier varient d'une personne à l'autre. Les matières inscrites au tableau précédent ne sont là qu'à titre d'exemple.

Certains espaces sont libres dans la colonne des heures. Cela signifie que d'autres activités peuvent être inscrites à l'horaire.

Comment dresser un horaire?

■ Pour qu'un horaire soit efficace, il doit tenir compte de toutes les matières de classe. Cinq soirs d'étude suffisent généralement pour réviser toutes les matières.

Il n'est peut-être pas nécessaire de consacrer le même temps d'étude à toutes les matières. Celles dans lesquelles l'élève réussit très bien nécessitent moins de travail à la maison. En revanche, il faudra consacrer plus de temps à certaines autres matières. Sébastien a appris à découper ses 75 minutes d'étude en trois périodes de 30, 25 et 20 minutes. Une période de 30 minutes peut être divisée en deux périodes de 15 minutes, 25 minutes en deux de 15 et 10 minutes, une de 20 minutes en deux de 10 minutes selon les besoins.

Sébastien, qui éprouve des difficultés en mathématiques, comprend quand le professeur explique, mais quelques jours plus tard il a tout oublié. Alors, dans son horaire, à chaque jour, il réserve du temps pour les mathématiques.

De la même façon, quelques minutes peuvent être consacrées quotidiennement à des matières exigeant plus de mémorisation comme l'histoire, la géographie, la biologie, etc.

Quant aux matières dans lesquelles Sébastien a de la facilité, il peut en espacer l'étude d'un, deux ou trois jours. À titre d'exemple, l'étude du français a été espacée d'une journée.

En fait, tout dépend des priorités. Il est cependant important de ne délaisser aucune matière.

Faire l'expérience de l'étude quotidienne pendant au moins trois semaines est un bon test. Au début, il est difficile de s'astreindre à un horaire d'étude, surtout quand l'élève n'a pas l'habitude d'étudier chaque soir. Même si au début cela paraît difficile, il ne faut pas abandonner. Il est important de faire l'expérience jusqu'au bout, car une habitude ne se change pas en deux jours. La deuxième semaine est plus facile que la première.

La troisième l'est encore davantage. Peu à peu, l'horaire n'apparaît plus comme un fardeau, mais plutôt comme un instrument très utile.

RECOMMANDATIONS AUX PARENTS

Que faire pour aider le jeune à adopter un horaire d'étude?

- Tout d'abord, l'aider à dresser son horaire d'étude.
- Respecter l'horaire d'étude que s'est fixé le jeune, particulièrement en ce qui a trait aux consignes relatives au découpage des 75 minutes.
- Dans le but d'augmenter la capacité de concentration de l'enfant, l'inciter à faire une pause après 45 minutes d'études s'il désire prolonger son étude au-delà des 75 minutes suggérées.
- Pendant cette pause, lui suggérer de se lever de sa chaise et de faire quelques exercices physiques afin de se délasser.

Ce qu'il faut éviter

- Éviter d'exiger que l'enfant étudie pendant plus d'une heure ou lorsqu'il est fatigué et incapable de se concentrer.

Être méthodique. Que de temps perdu par manque de méthode... C'est le cas de plusieurs élèves des écoles secondaires et même d'étudiants de cégep. Une méthode d'étude est aussi importante pour l'élève que la manière de construire une maison pour l'ouvrier.

La seule méthode d'étude que bon nombre d'élèves connaissent consiste à essayer d'apprendre par coeur de nombreuses pages la veille de l'examen. Cette façon de faire est inefficace pour plusieurs raisons.
– L'élève qui n'étudie que la veille des examens se retrouve la plupart du temps avec de nombreuses pages à mémoriser. Il doit souvent étudier tard dans la soirée et se coucher à une heure très tardive.
– L'élève qui tente de tout apprendre vite a peur de manquer de temps et il est nerveux. Sa concentration s'en trouve affectée et réduite.
– Le matin de l'examen celui-ci se lève fatigué parce qu'il s'est couché trop tard la veille. La nervosité a plus d'emprise sur une personne lorsqu'elle est fatiguée. À cause de la nervosité, il est incapable de déjeuner. Il part pour l'école l'estomac vide.
– À l'examen, il a un trou de mémoire et il échoue.
– Même si cet élève réussit à obtenir la note de passage, il n'en est pas quitte pour autant, car la matière mémorisée en quelques heures est souvent oubliée à la sortie de l'examen.
Bref, étudier seulement la veille de l'examen, c'est jouer avec le hasard, car la réussite relève alors de la chance.

Quelques chiffres

■ Il ressort du sondage cité antérieurement que 54 % des élèves ont étudié la veille des examens et que 53 % de ceux-ci ont échoué.

Comme à Musique Plus

■ *Marie-Josée, à qui j'ai proposé l'horaire d'étude à la maison me dit:*
«Je veux bien étudier tous les soirs, mais comment vais-je faire?
— Si tu décides d'expérimenter l'étude quotidienne, dis-je, une nouvelle méthode d'étude te sera nécessaire. Cette méthode est basée sur la répétition qui figure parmi les quatre grands moyens d'apprentissage.»

LES QUATRE GRANDS MOYENS D'APPRENTISSAGE
▪ La répétition
▪ Les essais et erreurs
▪ L'imitation
▪ Les récompenses/punitions

1. La répétition

Plusieurs jeunes connaissent les paroles de chansons populaires. Si on les interroge pour savoir comment ils les ont apprises, ils nous diront qu'il les ont écoutées plusieurs fois à Musique Plus. Quelqu'un qui écoute plusieurs fois la même chose utilise ce qui est appelé dans le langage courant la «mémoire auditive».

LES DEUX SORTES DE MÉMOIRE
▪ La mémoire auditive
▪ La mémoire visuelle

La mémoire visuelle sert à apprendre en revoyant plusieurs fois la même chose. Une personne attentive en classe a déjà commencé son apprentissage. Si elle relit plusieurs fois ses pages de notes, elle les retiendra.

2. Les essais et erreurs

Comme son titre l'indique, la méthode «essais et erreurs» signifie qu'une personne qui fait quelque chose et se trompe peut se reprendre en corrigeant ses erreurs.

Les devoirs, loin de ne servir qu'à mettre des notes dans le bulletin, permettent de constater les erreurs et de les corriger. La personne qui néglige ses devoirs se prive sans le savoir d'un moyen d'apprentissage.

Vu sous l'angle de la méthode essais et erreurs, l'échec possède un côté positif. Un échec est une forme d'apprentissage. Il permet d'en apprendre les causes et d'éviter que l'erreur ne se répète.

La méthode d'étude proposée ici repose en grande partie sur la répétition:
- la répétition des notions importantes par le professeur (mémoire auditive);
- la lecture répétée des notes de cours (mémoire visuelle).

Cette méthode est aussi basée sur les essais et erreurs:
- la pratique par les travaux de classe permet d'apprendre.

Même si la méthode proposée est basée sur la répétition et les essais et erreurs, il existe d'autres moyens d'apprentissage comme l'imitation et les récompenses/punitions.

3. L'imitation

Les élèves disent souvent: «Un tel n'étudie jamais et réussit quand même. Donc, je n'étudie pas.» Il est fort probable que le «un tel» en question étudie plus qu'il ne le laisse croire...

Il y a fort à parier qu'il étudie en secret. Pourquoi ne pas l'imiter?

4. Les récompenses/punitions ou les conséquences

Les récompenses/punitions sont la conséquence d'un comportement. C'est un moyen que les parents et les éducateurs utilisent pour récompenser le jeune qui répond à leurs attentes et pour agir sur les comportements non désirés.

Même si les parents n'utilisent pas le système des récompenses/punitions, les conséquences des gestes posés demeurent et tiennent lieu de récompense et de punition. Ex.: le jeune qui étudie voit son effort récompensé lorsque ses résultats augmentent, l'autre qui n'étudie pas voit ses résultats diminuer.

Prévoir les conséquences fâcheuses d'un acte et être capable de les éviter constitue un apprentissage.

LA COMPARAISON DE DEUX FAÇONS D'ÉTUDIER	
Étude quotidienne	**Étude la veille de l'examen**
Pas la peur de manquer de temps	Peur de manquer de temps: «Vais-je réussir à tout retenir en si peu de temps?»
Pas de pression ni de stress inutile	Nervosité, stress, anxiosité
Pas de couchers tardifs dus au manque de temps	Coucher retardé jusqu'aux petites heures pour étudier
Pas de cauchemar la nuit qui précède l'examen	Sommeil difficile, peur d'échouer
Pas de perte d'appétit due à la nervosité	Perte d'appétit due à la nervosité
Pas de trou de mémoire dû au stress	Trou de mémoire au moment de l'examen

RECOMMANDATIONS AUX PARENTS

Que faire pour encourager le jeune à persévérer dans l'étude quotidienne?

- Rappeler au jeune que cette méthode est efficace pour éliminer les échecs et augmenter les notes en général.
- Être attentif aux succès, même petits, remportés grâce à l'étude quotidienne et les valoriser.
- Tenter de découvrir ce qui ferait le plus plaisir à l'enfant et récompenser ses efforts dans le but de l'encourager à persévérer dans l'étude.

Ce qu'il faut éviter

- Éviter de croire qu'il n'y a rien à étudier quand un examen n'est pas annoncé.
- Éviter d'être indifférent aux efforts du jeune et de croire qu'il est assez grand pour se débrouiller tout seul.
- Éviter de maugréer lorsque les résultats positifs ne se manifestent pas au rythme souhaité.

Repasser ses maths. Bon nombre d'élèves croient qu'il suffit d'aller aux cours et de faire les devoirs pour réussir en mathématiques. Cela est peut-être vrai pour certains, mais ce n'est pas le cas de tous les élèves. Même des directeurs d'école croient que les maths ne s'étudient pas.

Après une conférence où j'avais exposé ma méthode d'étude en mathématiques, un directeur d'école primaire est venu me dire: «Les mathématiques, ça ne s'apprend pas, c'est la logique.» Il n'avait probablement pas enseigné depuis fort longtemps. Il est vrai que la compréhension est essentielle dans l'apprentissage des mathématiques, mais la mémoire est aussi importante. En effet, l'étude des mathématiques comporte deux aspects:

Les notions à retenir: définitions, formules, équations, théorèmes, etc.
La logique: Le cheminement à comprendre dans la résolution de problèmes

Certaines notions sont essentielles à la résolution d'un problème et doivent, en conséquence, être apprises. Par exemple, à un petit groupe de 15 élèves a qui on a soumis la multiplication suivante a^2 x a^3, seulement cinq ont répondu correctement a^5, les autres ont tous répondu a^6. Dix élèves avaient donc oublié que, dans ce type de multiplication, les exposants s'additionnent. Plusieurs élèves se plaignent aussi d'avoir échoué un examen de maths parce qu'ils avaient oublié une formule. Plusieurs autres exemples pourraient être donnés pour démontrer la nécessité d'étudier les mathématiques.

Quelques chiffres

- 40 % des élèves inscrits au Groupe de motivation ont un échec en mathématiques.

Une progression... mathématique!

■ *Chloé s'inscrivit au Groupe de motivation. Elle était découragée parce qu'elle avait 32 % en mathématiques 314 dans son bulletin de novembre. Elle se croyait incapable de réussir.*

«Étudies-tu tes mathématiques, lui demandai-je?
— Non, ça ne s'étudie pas des mathématiques, dit-elle.
— Je vais te suggérer une méthode. Es-tu prête à en faire l'expérience pendant quelques semaines pour voir si elle donne des résultats positifs?
— Oui.
— Voici ma méthode:
1. Tu te réserves un cahier spécialement pour l'étude des mathématiques, de préférence un cahier à spirales car les feuilles y tiennent plus solidement. Ce cahier ne sert pas à prendre des notes en classe. Il sert uniquement à ton étude à la maison.
2. Tu assistes au cours de mathématiques et tu prends fidèlement des notes.
3. Chaque fois que ton professeur aborde de la matière nouvelle, le soir, tu l'écris dans ton cahier. Voici un modèle de page de ton cahier:

Titre du problème: *La multiplication en algèbre*

Lois (formules, équations): *Les exposants s'additionnent*

Démonstration: $a^2 \; x \; a^3 = a^5$

Chaque soir, tu relis ton cahier de la première à la dernière page.

Si tu n'as pas compris, tu demandes des explications. Dès que tu auras compris, ta relecture te permettra de ne pas oublier.»

Cette élève entreprit l'étude quotidienne des mathématiques et, au bulletin suivant, sa note augmenta de 20 %. Encouragée, elle continua et à la fin de l'année, elle avait dépassé 70 %. Elle fut admise en mathématiques 436 en 4ᵉ secondaire.

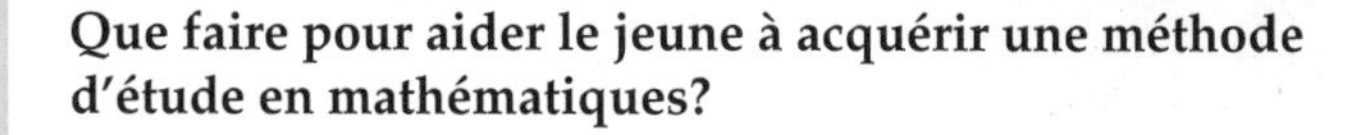

Que faire pour aider le jeune à acquérir une méthode d'étude en mathématiques?

■ Aider l'enfant à prendre conscience que les mathématiques comportent des notions, des définitions, des formules et d'autres éléments à retenir qui nécessitent de l'étude et l'amener ainsi à réaliser que les mathématiques s'étudient aussi.
■ Inciter le jeune à avoir un cahier dans lequel il inscrit les éléments à mémoriser et l'encourager à le relire souvent.
■ Insister pour que les devoirs de mathématiques soient faits même s'ils comportent des difficultés, car le jeune apprend, par les devoirs, à reconnaître ses erreurs et à les corriger.

Ce qu'il faut éviter

■ Ne jamais excuser un échec en mathématiques en disant que ce n'est pas la faute du jeune, qu'il n'est pas doué pour les mathématiques.
■ Éviter d'entretenir le mythe de la «bosse des mathématiques» car ainsi le jeune croit qu'il faut un don spécial pour réussir en mathématiques.

Rafraîchir sa mémoire. Au chapitre précédent, il a été précisé que la méthode d'étude proposée est basée en grande partie sur la répétition. Considérée sous l'aspect de la mémoire visuelle, la répétition consiste à relire souvent les mêmes pages.

La question qui se pose maintenant est: Que faut-il relire?

Relire son livre d'histoire, de géographie ou de biologie en préparation à un examen est ardu et peu efficace

Relire les notes de cours n'est pas toujours facile. Elles sont souvent écrites rapidement, ce qui a pour effet d'en rendre la relecture difficile.

Que lire alors?

Un résumé fait le soir, pendant le temps d'étude, à partir des notes prises au cours. Il sera plus facile d'étudier un résumé de 30 pages qu'un livre de 100 pages.

Les résumés et les tableaux synthèses

■ Les résumés sont des outils importants. D'ailleurs, plusieurs enseignants en font pour leurs élèves, particulièrement en histoire.

Comment faire un résumé?

Il s'agit d'aller puiser uniquement les idées essentielles à l'intérieur d'un paragraphe, d'une page ou d'un chapitre. Habituellement, les enseignants indiquent à leurs élèves ce qu'il faut retenir.

Pour inciter à l'étude, un résumé doit être clair et propre. La clarté réside dans la façon dont l'information est disposée. Il est difficile d'étudier de l'information pêle-mêle. Pour se retrouver facilement, il est préférable de regrouper sous un titre ou un sous-titre l'information se rapportant à un même sujet. La propreté concerne l'écriture. Un résumé mal écrit et quasi illisible est peu utile, ennuyeux et décourageant.

Il y a résumé et résumé

■ *Pierre-Luc vint un jour me montrer son résumé de mathématiques. Il me le laissa et alla à son cours. Quand il eut quitté mon bureau, je tentai de déchiffrer son document. Il était écrit sur des feuilles détachées non numérotées. Les lettres et les chiffres y étaient mal formés. Je ne réussis pas à replacer les pages dans l'ordre logique. Quand Pierre-Luc revint, il essaya de s'y retrouver et en fut incapable. Je compris alors pourquoi cet élève échouait souvent en mathématiques.*

Des titres et des sous-titres sont nécessaires à la clarté d'un résumé. Les titres peuvent être écrits en lettres majuscules et les sous-titres en lettres minuscules et être décalés.

page 1

LA PROVINCE DE QUÉBEC

Les principales villes	**Années de fondation**
Québec	1608
Montréal	1642

Dans les résumés on peut aussi utiliser des accolades.

LES PRONOMS [
- personnels
- démonstratifs
- possessifs
- relatifs
- interrogatifs
- indéfinis

On peut aussi faire des tableaux.

LES PRONOMS
■ Personnels
■ Démonstratifs
■ Possessifs
■ Relatifs
■ Interrogatifs
■ Indéfinis

Pourquoi tout cela?

La clarté et la propreté des résumés, les accolades et les tableaux sont des moyens qui favorisent la mémoire visuelle. À force de les relire, de les revoir et de les regarder, tous ces résumés s'enregistrent dans la mémoire de la personne qui lit, un peu comme une photographie.

Les pages de résumé ainsi mémorisées réapparaissent clairement dans la tête de la personne qui passe un examen, aussi clairement que si elle ouvrait un album de photos.

RECOMMANDATIONS AUX PARENTS

Que faire pour favoriser la mémorisation?

- Encourager le jeune à se faire des résumés, car il est plus facile de mémoriser un résumé qu'un chapitre entier.
- Inciter le jeune à relire souvent ses résumés afin de favoriser la mémorisation à long terme.
- Veiller à ce que l'étude se fasse dans une atmosphère propice à la mémorisation.

Ce qu'il faut éviter

- Éviter que le jeune étudie dans le bruit et soit continuellement dérangé par des enfants plus jeunes.
- Ne pas permettre que l'enfant étudie en écoutant de la musique ou en regardant la télévision.

Ne pas laisser son esprit s'envoler. L'attention en classe est importante. Elle est complémentaire à l'étude. L'élève qui est attentif en classe entend la matière une première fois et procure ainsi du matériel de travail à sa mémoire auditive.

Au moment de l'étude, l'enseignement du professeur est déjà présent à la mémoire. Dans le processus de répétition, l'enseignement entendu en classe joue le rôle de première lecture. En regardant ses notes de cours et ses résumés, l'élève est déjà en terrain connu.

L'élève qui n'écoute pas en classe manque souvent des explications impossibles à récupérer par la seule lecture.

L'attention en classe et l'étude à la maison forment un mariage des plus harmonieux. L'absence de l'un est suffisante pour compromettre la réussite scolaire.

Quelques chiffres

■ Le bilan des entrevues individuelles préparatoires au Groupe de motivation démontre que 98 % des élèves admis au groupe (tous des élèves en situation d'échec) sont distraits en classe. Par ailleurs, tous, sans exception, affirment ne pas étudier.

Quand on demande à ces élèves pourquoi ils sont distraits en classe, voici ce qu'ils répondent spontanément: «Le cours est plate, car le prof est ennuyant!»

Quand on questionne un peu plus, on découvre que même le professeur le plus intéressant ne réussirait pas à capter leur attention.

Pourquoi?

Parce que l'attention en classe ne dépend pas uniquement de l'enseignant. Pour être attentif en classe, il y a d'autres conditions que la compétence du professeur.

Voici ce qui a été observé chez les élèves distraits:

LES OBSERVATIONS
Le manque de sommeil L'élève a récupéré en classe le sommeil perdu.
La faim L'élève avait sauté le repas précédant le cours. Il était alors plus attentif au besoin de son estomac qu'à l'enseignement du professeur.
Pas de prise de notes Les élèves ne manquant pas de sommeil et ne sautant pas de repas sont distraits parce qu'ils ne sont pas actifs pendant le cours.

Dans la lune

Mélina vint me consulter parce qu'elle voulait éliminer les échecs de son bulletin. Nous avons alors fait le bilan de son étude à la maison. Résultat: elle n'étudiait jamais. Je lui recommandai alors d'étudier. Je lui expliquai la méthode d'étude et comment organiser son temps d'étude à la maison.

Une fois les explications données, je me rendis compte que son regard était interrogatif. Je lui demandai alors:

«As-tu bien compris ce que je viens de t'expliquer?

— Oui, très bien, répondit-elle.

— J'ai l'impression que tout n'est pas clair.

— Il y a juste un petit détail. Tu m'as parlé de relire des résumés faits à partir de mes notes de cours. Des notes de cours, j'en n'ai presque pas parce que je suis distraite en classe. Même si je voulais étudier, je ne pourrais pas, à moins de relire mes livres. Me vois-tu en train de relire mon livre de géographie?»

Nous nous sommes alors penchés sur une façon de prendre des notes en classe.

RECOMMANDATIONS AUX PARENTS

Que faire pour inciter le jeune à être attentif en classe?

■ S'informer de temps en temps de ce qui est enseigné en classe et encourager le jeune à prendre des notes.
■ Ne pas excuser l'indiscipline en classe, car en plus d'être nuisible à celui qui la cause, elle dérange d'autres élèves.
■ Porter attention aux remarques inscrites sur le bulletin.

Ce qu'il faut éviter

■ Éviter le plus possible que l'enfant s'absente des cours car le manque d'information conduit au désintéressement qui engendre à son tour le manque d'attention.
■ Éviter de croire que le professeur n'a pas dispensé de matière.

Se garder en forme. Comme il a été mentionné au chapitre précédent, des élèves ne sont pas attentifs en classe parce qu'ils ont faim, d'autres manquent de sommeil et enfin, un certain nombre ont des problèmes d'élimination.

L'alimentation, le sommeil et l'élimination sont appelés «rythmes de base» parce que si seulement l'une de ces trois fonctions est affectée, toute la personne s'en ressent.

LES RYTHMES DE BASE
▪ L'alimentation
▪ Le sommeil
▪ L'élimination

Quelques chiffres[5]

▪ Les élèves qui ne prennent pas trois repas par jour	6 sur 10
▪ Les élèves qui dorment mal	6 sur 10
▪ Les élèves qui ont des problèmes d'élimination	3 sur 10

Affamé ou constipé, même problème!

▪ ***La faim:*** *Il est 15 h. Jérémie arrive à mon bureau. Il est découragé. Il se plaint de ne pas comprendre les explications du professeur, d'avoir des pertes de mémoire et des difficultés de concentration. En discutant, il avoue que depuis le souper de la veille, il n'a mangé qu'une patate-sauce.*

5. RIVARD, C. *Le groupe de motivation en milieu scolaire,* Éditions Hurtubise HMH, LaSalle, 1992.

«L'enfant qui ne déjeune pas mange sa masse musculaire».
Mme Michèle Nadeau-Houde, professeure en nutrition à l'Université de Montréal, explique: «...l'organisme doit faire face en tout temps à une demande de glucose de la part du cerveau qui exige exclusivement cet élément nutritif pour fonctionner normalement. Or, après douze heures de jeûne, les réserves de glucose sont très basses et le foie doit les produire à partir de la masse musculaire.» [6]

■ ***L'élimination:*** *Sophie vint m'annoncer qu'elle quittait l'école. Je lui demandai pourquoi. Elle dit avoir la tête comme dans un nuage gris, avoir des maux de tête et des difficultés de concentration. En discutant, elle m'apprit qu'elle était constipée: elle éliminait une fois tous les cinq jours.*

RECOMMANDATIONS AUX PARENTS

▲ **Que faire pour favoriser l'attention en classe?**

■ Encourager le jeune à faire de l'exercice physique car c'est un anti-stress, un bon moyen de se détendre et d'être plus attentif.
■ Veiller à ce qu'il dorme suffisamment afin d'être bien éveillé en classe.
■ L'inciter à déjeuner avant de partir pour l'école car la faim nuit à l'attention en classe.
■ Le sensibiliser à l'importance de l'élimination.

▼ **Ce qu'il faut éviter**

■ Ne pas encourager le «grignotage» avant les repas car cela enlève l'appétit.
■ Éviter que le jeune remplace les repas de famille, tel le souper, par du «grignotage».
■ Éviter que le jeune se couche à des heures tardives la veille des jours de classe.

6. BERNACHEZ, R. «L'enfant qui ne déjeune pas mange sa masse musculaire» dans *La Presse*, octobre 1992.

Écrire pour mieux se souvenir. Il a été mentionné que les élèves distraits pendant les cours ne prennent pas de notes et que les élèves qui ne prennent pas de notes sont souvent pris au dépourvu lorsqu'arrive le moment d'étudier.

Les notes favorisent l'attention en classe et sont un instrument utile pour l'étude et les devoirs.

Quand prendre des notes?

Quand le professeur le suggère.

Et si le professeur ne le mentionne pas, faut-il quand même prendre des notes? Oui, car chaque élève est responsable de ses notes de classe.

Quelques chiffres

■ 5 élèves sur 10 prennent des notes uniquement quand le professeur le suggère.

Savoir lire entre les lignes...

■ *Pedro, ancien élève de l'école, vint me rendre visite après son entrée au cégep. Au secondaire, cet élève développa une dépendance à l'égard de son professeur: il prenait des notes uniquement quand son professeur disait: «Écrivez cela!»*

Quel ne fut pas son désarroi quand il réalisa qu'au cégep les professeurs n'indiquent pas aux étudiants quand prendre des notes.

Quand prendre des notes?

Sans dire explicitement: «Écrivez cela», les professeurs donnent souvent des signes qui indiquent que la matière dont ils parlent est importante.

L'observation de personnes en conversation permettra de constater différents moyens naturels utilisés par les interlocuteurs pour insister sur une parole, un comportement ou un événement.

LES MOYENS D'ATTIRER L'ATTENTION
La personne:
■ hausse le ton.
■ pointe du doigt son interlocuteur.
■ répète la même chose plusieurs fois.
■ frappe du poing sur la table.
■ demande: «M'écoutes-tu?».
■ dit: «Tu ne m'écoutes pas».
■ dit «Écoute ça».
■ emploie l'interrogation: «Sais-tu quoi?».

Un professeur n'est pas bien différent d'un autre interlocuteur. Cependant, ses gestes et paroles sont souvent interprétés différemment.

– Il hausse le ton pour attirer l'attention des élèves. Ceux-ci pensent alors: «Mais qu'est-ce qu'il a à crier?».

– Il peut pointer des élèves du doigt. Ceux-ci pensent: «Je ne parlais pas, j'écoutais!»

– Il répète plusieurs fois. Les élèves pensent qu'il radote.

– Il frappe son pupitre ou le tableau de son poing. Les élèves ont envie de lui dire: «Ho! Relaxe.»

– S'il demande: «M'écoutez-vous?». Les élèves pensent: « Ça se voit qu'on écoute!»

– S'il dit: «Vous n'écoutez pas». Les élèves pensent: «Qu'il est stressant!».

– S'il dit: «Écoutez bien ça!». Les élèves pensent: «Oui, oui...».

– Il pose une question. Les élèves pensent qu'il veut les prendre en défaut ou se payer leur tête.

En fait, chaque fois que le professeur utilise ces moyens spontanés, quelquefois à son insu, il indique les choses à retenir.

Prendre des notes ne signifie pas écrire du début à la fin du cours.

■ Prendre des notes, c'est souvent résumer, en quelques lignes, une idée que le professeur a expliquée en 100 mots.

Cela ne signifie pas que le professeur parle pour ne rien dire.

C'est plutôt pour s'assurer d'être bien compris que le professeur exprime une idée de plusieurs façons différentes. Si l'idée exprimée est comprise du premier coup par l'élève, il la résume en quelques mots. Il ne faut pas cesser d'écouter pour autant. Il faut être aux aguets car une fois son explication terminée, le professeur passera à autre chose.

Comment prendre des notes

■ Il est impossible d'écrire mot à mot ce que le professeur dit à moins qu'il n'écrive les notes au tableau.

Comme dans le cas des résumés, il faut noter l'essentiel de ce que le professeur dit.

■ Par exemple, si le professeur commence le cours en disant:

«Aujourd'hui nous allons parler de la province de Québec», il est bon d'inscrire sur la page de notes, en lettres majuscules le titre «Province de Québec». Le titre peut même être écrit en abrégé: prov. Qué. puisque dans le résumé les titres et les sous-titres sont écrits au complet.

Si le professeur ajoute: «Nous allons commencer par les principales villes et leur année de fondation.», il faut écrire les sous-titres en lettres minuscules: principales villes et, un peu plus loin, sur la même ligne: années.

PROVINCE DE QUÉBEC

Principales villes	**Années**
Québec	1608
Montréal	1642

Quand, pour définir quelque chose, le professeur fait une énumération d'éléments, il faut les prendre en note, mais en abrégé.

Ainsi, si le professeur dit: «Voici la liste des différents pronoms que l'on rencontre dans la langue française. Il y a les pronoms personnels, démonstratifs, possessifs, etc.», il s'agit de regrouper ces éléments sous un titre.

LES PRONOMS	
▪ Personnels	▪ Relatifs
▪ Démonstratifs	▪ Interrogatifs
▪ Possessifs	▪ Indéfinis

Les exemples sont très importants. En français, quand le professeur explique une nouvelle notion, il donne souvent des exemples. Il faut les prendre en note puisque, au moment de l'étude, ils aident à mieux comprendre la matière.

▪ Prendre des notes, c'est savoir discerner l'essentiel dans un déluge de mots.

Ce n'est donc pas tout écrire ce que le professeur dit, mais seulement l'essentiel. Cela peut sembler difficile au début mais, avec le temps, cela devient un jeu.

Où conserver ces notes?

Les cahiers avec reliure à anneaux sont très populaires. Cependant, une reliure à anneaux échappée par terre peut s'ouvrir et laisser les feuilles s'éparpiller sur le plancher. Les feuilles peuvent même être piétinées. Résultat: des feuilles illisibles qui sont à mettre aux poubelles.

Des classeurs style «duotang», des cahiers «Canada» ou des cahiers à spirales sont recommandés. Les cahiers à spirales sont particulièrement intéressants puisqu'ils existent en différents formats et que certains sont pourvus de séparateurs de matières. De plus, les pages des cahiers à spirales ne s'arrachent que difficilement.

La prise de notes, c'est un moyen d'être attentif en classe et c'est aussi un outil essentiel à l'étude.

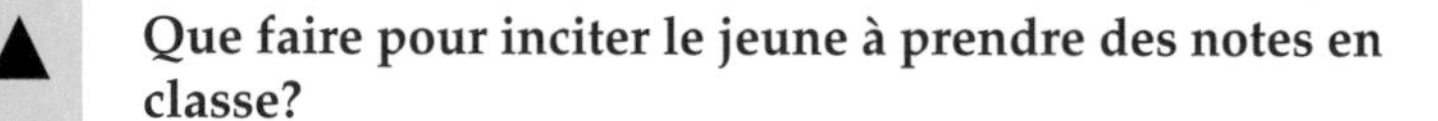

▲ **Que faire pour inciter le jeune à prendre des notes en classe?**

■ Veiller à ce que le jeune possède tout le matériel nécessaire pour aller en classe: cahiers, crayons, règle, etc.
■ Lui rappeler à l'occasion comment prendre des notes.
■ Lui demander de temps à autre de prendre connaissance de ses notes de cours.
■ Le récompenser pour ses efforts en classe.

▼ **Ce qu'il faut éviter**

■ Éviter de croire qu'il n'y a pas de notes à prendre.
■ Éviter d'être indifférent aux travaux accomplis en classe.
■ Ne pas admettre que le jeune fasse à la maison ce qu'il aurait pu faire en classe car ce peut être une façon d'encourager le laisser-aller et l'indiscipline en classe.

11

LA PRÉSENCE AUX COURS

Briller par sa présence. L'absentéisme figure parmi les principales causes de l'abandon scolaire. Donc, pour qui veut demeurer à l'école et terminer des études, la présence aux cours est essentielle. Elle favorise la persévérance scolaire.

Entre autres, la présence aux cours:

– Nourrit la motivation, car pour être motivé à l'école, l'élève a besoin de savoir où il en est dans ses matières de classe. L'élève qui s'absente fréquemment perd le fil conducteur qui donne un sens à l'ensemble des cours. Ne sachant plus où il en est, il perd l'intérêt et décroche.

– Rend possible l'accès à des notes de cours qui correspondent totalement à la matière enseignée. L'élève qui s'absente régulièrement de ses cours peut difficilement posséder des notes de cours complètes, ce qui rend l'étude difficile.

Il peut arriver qu'un élève doive s'absenter de l'école pour une raison valable. Il vaut mieux, dans ce cas, emprunter les notes de cours d'un camarade afin de compléter ses notes personnelles et de connaître les devoirs à faire et les leçons à étudier.

La présence régulière aux cours est indispensable à la réussite scolaire.

Quelques chiffres

■ En 1976, une recherche effectuée auprès des décrocheurs scolaires de toute une commission scolaire a mis au jour trois principales raisons d'abandon scolaire

LES MOTIFS D'ABANDON	
■ Je «foxais» mes cours	52,6 %
■ J'avais des échecs sur mes bulletins	36,3 %
■ Je n'étudiais presque pas	33,3 %

Source: RIVARD, Claude. *Les décrocheurs scolaires, les comprendre, les aider*, Éditions Hurtubise HMH, LaSalle, 1992.

Voici quelques inconvénients de l'absentéisme scolaire:

L'absentéisme occasionnel conduit à l'absentéisme chronique.
L'absentéisme chronique:

- empêche de percevoir la suite logique d'un cours à l'autre.
- conduit au désintéressement, à la démotivation et au découragement.
- est facteur d'échec scolaire.
- entraîne souvent le refus aux examens ou le renvoi de l'école.
- peut engendrer la délinquance et la criminalité.

Cours séchés, année coulée!

■ *Anka me confia comment elle en était arrivée à décrocher de l'école.*
Tout commença quand elle entra à l'école secondaire.
Un jour, une amie proposa à Anka de sécher ses cours. Cette dernière refusa d'abord, mais, sous l'insistance de sa copine, elle accepta en se disant qu'une fois n'est pas coutume. Puis, comme l'école était loin du domicile familial, Anka se dit que même si elle séchait des cours, ses parents ne le sauraient jamais.»
Après cette première fois, il y en eut une deuxième, puis une troisième. Anka perdit le goût d'aller à ses cours et, à la fin, en descendant de l'autobus, elle n'entrait même plus dans l'école. Elle s'en allait directement au restaurant d'en face.
Bien qu'ils l'apprirent un peu tard, les parents surent quand même que leur enfant avait très souvent fait l'école buissonnière: elle était refusée à tous ses examens de juin. Cela signifiait la reprise totale de l'année.
Les parents furent convoqués à l'école et le directeur leur dit: «Votre fille a tellement manqué de cours qu'elle est refusée aux examens. Nous allons l'inscrire pour l'an prochain et, d'ici là, vous pouvez la ramener à la maison.»

▲ Que faire pour éviter que le jeune sèche ses cours?

■ S'informer régulièrement des activités de son enfant à l'école.
■ En cas de doute sur sa présence assidue, téléphoner à l'école.
■ Participer aux rencontres parents/maîtres.
■ Apprendre à bien lire le bulletin scolaire car les absences y sont indiquées.
■ Trouver des éléments de motivation qui stimulent l'enfant à fréquenter l'école assidûment.

▼ Ce qu'il faut éviter

■ Éviter de signer des motivations d'absences injustifiées en pensant protéger l'enfant, car c'est l'encourager à manquer l'école.
■ Éviter de se décharger de ses responsabilités sur l'école.
■ Si l'enfant sèche des cours, éviter de fermer les yeux sur l'événement comme s'il s'agissait d'un fait banal car une absence en entraîne souvent d'autres.
■ Éviter que la seule motivation du jeune soit l'obligation de fréquenter l'école.

Essayer pour voir. Des élèves se demandent souvent s'ils sont capables de réussir dans certaines matières. D'autres ne se posent même pas la question. À partir d'échecs répétés, ils concluent tout simplement: «Moi, je suis poche, je n'ai pas de talent!».

Comment connaître ses capacités? En essayant!

Un coureur qui veut gagner une course commence par s'entraîner.

■ L'entraînement de l'élève qui veut réussir, c'est l'étude régulière et les travaux scolaires.

Un coureur qui veut connaître ses capacités maximales donne le meilleur de lui-même au cours de ses séances d'entraînement. Pendant qu'il court, quelqu'un évalue sa vitesse à l'aide d'un chronomètre.

■ Un élève qui veut connaître son degré de performance étudie au maximum et observe ses résultats aux examens.

Que fait un athlète quand il n'est pas satisfait de sa performance? Abandonne-t-il tout simplement ou décide-t-il de s'entraîner encore plus?

■ Des élèves se disent «poches» et d'autres lâchent tout simplement les études sans avoir vraiment essayé.

Quelques chiffres

■ Neuf élèves sur dix rencontrés en relation d'aide sont découragés, ont perdu confiance en eux-mêmes et ont une faible estime de soi.

Un ultime effort

■ *Jean-François était sur le point de décrocher de l'école. Il était découragé parce qu'il se jugeait inapte aux études. Avant qu'il ne quitte définitivement l'école, je lui proposai de faire une expérience échelonnée sur trois semaines.*

L'EXPÉRIENCE
Durée: 3 semaines
Objectif: réussir en utilisant les moyens suivants
▪ Être présent à tous les cours. ▪ Prendre des notes en classe. ▪ Se faire un horaire d'étude à la maison et étudier quotidiennement. ▪ Utiliser la méthode de relecture des résumés et des tableaux synthèses. ▪ Faire les travaux scolaires.
Résultats
▪ Jean-François ne quitta pas l'école. ▪ Ses notes augmentèrent. ▪ Il élimina des échecs de son bulletin. ▪ Il reprit confiance en lui-même. ▪ Il retrouva l'espoir. ▪ En septembre 1994, il entra au cégep.

Que faire face à un jeune qui veut décrocher de l'école?

- Tout d'abord s'informer des raisons qui le poussent à agir ainsi.
- S'il s'agit d'une réaction à l'échec, l'encourager à se reprendre et surtout lui suggérer des moyens de le faire.
- Aider le jeune à prendre conscience de ses talents.
- Si la raison qui le motive est le désir de gagner immédiatement de l'argent, l'amener à réfléchir sur les avantages et les inconvénients d'un tel choix.
- Consulter un intervenant de l'école et demander de l'aide.
- Si, après consultation, le décrochage du jeune semble inévitable, explorer avec lui et l'intervenant scolaire les avenues possibles à court, moyen ou long terme dont la possibilité d'un retour éventuel.

Ce qu'il faut éviter

- Éviter d'accepter que le jeune décroche sans avoir d'abord tenté de trouver une solution.
- Éviter de prendre des décisions sous le coup de l'émotion.

Chasser la déprime. Il existe des signes qui permettent de reconnaître une dépression. Lorsque quelques-uns de ces symptômes apparaissent en même temps, il est bon de consulter un service de psychologie ou un service de santé.

La déprime se distingue de la dépression, bien que les mêmes symptômes puissent apparaître dans les deux cas.

La déprime est moins grave que la dépression. Elle correspond ordinairement à des moments de frustration. Elle est souvent passagère. Cependant, si la déprime perdure, il est bon de consulter un spécialiste à l'école ou au CLSC.

LES SYMPTÔMES DE LA DÉPRESSION
▪ Perte d'intérêt
▪ Perte ou augmentation de l'appétit
▪ Insomnie ou hypersomnie
▪ Grande fatigue
▪ Sentiment d'être« bon à rien»
▪ Difficultés de concentration
▪ Perte d'espoir

Quelques chiffres

▪ Selon un test de dépistage validé, 33 % des élèves rencontrés en relation d'aide sont déprimés.

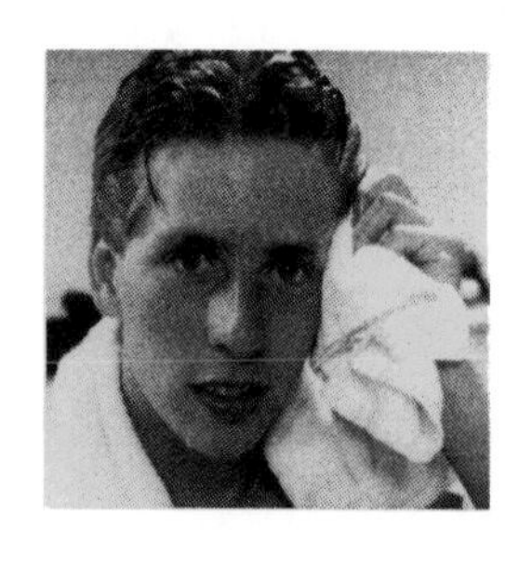

Ne pas se laisser abattre

▪ *Nous étions vendredi, c'était la fin de la semaine. Il était 15 h 50. Les autobus partaient dans dix minutes. Dave, 4e secondaire, un gaillard de 1,80 m, se présenta à mon bureau. Il avait les larmes aux yeux et des sanglots dans la voix. À en juger par sa respiration saccadée, il devait souffrir beaucoup.*
«Veux tu m'aider? Ma blonde m'a lâché.»
Je le laissai parler, car, quelquefois, le simple fait de raconter sa peine à quelqu'un fait du bien.

«Je n'ai pas de pouvoir sur la situation présente, mais je crois que je peux te donner un moyen pour alléger ta souffrance. Pendant la fin de semaine, dans les moments les plus difficiles à supporter, essaie de faire de l'exercice physique. C'est reconnu, c'est un moyen de chasser le stress et l'anxiété.»
Il partit.
Le lundi matin, il vint me remercier pour ce petit conseil.
«J'ai fait du sport une partie de la fin de semaine. Pendant ce temps-là, je ne pensais pas à ma peine. Puis, quand j'avais fini de jouer, je me sentais tellement bien que je n'avais pas le goût de ressasser des mauvais souvenirs.»

Il est nécessaire de connaître les causes de la déprime.

Il n'est pas rare de rencontrer des élèves découragés et déprimés à cause de leurs résultats scolaires. Dans ces moments, certains veulent tout abandonner. Ils s'imaginent que l'échec est irrémédiable, que tout est fini.

■ Par exemple: Marie-Luce vint m'annoncer qu'elle quittait l'école parce que, selon elle, son année était manquée.

Ensemble, nous avons regardé son bulletin. Nous avons constaté que même si certains échecs persistent, elle avait encore la possibilité de terminer l'année avec 14 crédits. Est-ce cela, une année manquée?

En discutant de ses échecs, Maire-Luce en découvrit les causes: le manque d'étude et les travaux non remis.

Le manque d'étude était la cause principale des échecs.

Si le manque d'étude était la cause de ses échecs, probablement que l'étude était le seul moyen de s'en sortir.

■ Autre exemple: Alexandre était découragé parce qu'il avait obtenu 32 % en mathématiques dans son bulletin de novembre. En classe, il avait compris tout ce que le professeur expliquait. Mais quand arriva le temps des examens, il ne se souvenait plus de certains détails indispensables pour résoudre les problèmes.

Il décida d'adopter la méthode d'étude suggérée au début du présent livre.

Dans le bulletin suivant, sa note augmenta de 20 %. Il a maintenant 52 %.

En résumé:

Dans les moments de découragement, il est nécessaire:

- de déterminer la cause du découragement. Au besoin, il faut consulter une personne-ressource de l'école: un professeur, un encadreur*, le psychologue, le conseiller d'orientation, le travailleur social, l'intervenant en décrochage scolaire, l'infirmière, l'animateur de pastorale, etc.
- de repérer les moyens disponibles pour remédier à cet état. Une fois les moyens déterminés, passer à l'action en ayant la certitude d'obtenir des résultats positifs. Les exemples fournis dans ce livre sont des cas réels. Si d'autres réussissent, pourquoi ne serait-ce pas possible pour tout le monde?
- de faire de l'exercice physique.

RECOMMANDATIONS AUX PARENTS

▲ Que faire face à la déprime

- Être attentif aux symptômes de déprime du jeune. Si deux ou trois symptômes se manifestent en même temps, ne pas hésiter à consulter un spécialiste.
- S'il s'agit d'une déprime passagère liée à l'échec scolaire, indiquer au jeune des moyens de se sortir de son échec.
- Encourager l'enfant à rencontrer des intervenants de l'école pour en discuter.

▼ Ce qu'il faut éviter

- Éviter de prendre à la légère les demandes d'aide du jeune. Des sautes d'humeur sont quelquefois un message.
- Lorsque le jeune accepte de parler de ses problèmes, éviter de répondre que ce n'est pas important, que ça va passer.

* Un encadreur est un enseignant assigné à un ou plusieurs élèves qu'il supervise et aide en cas de difficultés.

Se faire confiance. Même avec de bons moyens à leur disposition, certains élèves n'obtiennent pas de résultats positifs. Pourquoi? Parce qu'ils entretiennent des pensées négatives. Celles-ci sont souvent un indice de perte d'espérance.

Celui qui se dit «poche», inférieur aux autres, incapable de réussir et bon à rien n'espère plus rien de l'école, sinon la quitter le plus tôt possible.

Les pensées négatives sont des obstacles à la réussite. Elles démotivent. Elles empêchent la personne qui les possède d'utiliser tous les moyens possibles au maximum.

La répétition est un moyen d'apprentissage. Quelqu'un qui se répète sans cesse une ou plusieurs de ces pensées se conditionne à devenir un perdant.

Difficile d'étudier dans ces conditions. Pourquoi étudier si cela ne sert à rien? Se débarrasser des pensées négatives peut changer beaucoup de choses.

DES EXEMPLES DE PENSÉES NÉGATIVES
▪ Je suis «poche».
▪ Je suis moins bon que les autres.
▪ Je suis incapable de réussir.
▪ Je ne fais jamais rien de bon.

La pensée positive, ça marche!

▪ *Louise faisait partie d'un groupe de motivation que j'anime dans une école secondaire depuis quelques années. J'enseigne une technique de pensée positive dans ce groupe. Un jour, un enseignant vint me voir et me demanda ce qui s'était passé avec Louise.*

«Pourquoi me poses-tu cette question? demandai-je alors à l'enseignant.

— Louise fait partie de ton groupe de motivation et, depuis ce temps, je ne la reconnais plus.

— Qu'est-ce qu'elle a de changé pour que tu ne la reconnaisses plus?

— Avant le groupe de motivation, dit-il, Louise était totalement inhibée.

— Veux-tu m'expliquer?, dis-je.

— Avant, quand elle venait à mon cours, elle passait complètement inaperçue. Elle s'assoyait en arrière de la classe. Elle ne posait jamais de questions. Et, quand je questionnais la classe, elle ne répondait jamais. Si je demandais l'avis des élèves au sujet de la date d'un test, elle ne donnait jamais le sien. Elle laissait les autres décider pour elle. Depuis une semaine, elle se place au milieu de la classe, elle pose des questions et donne son avis. Je ne sais plus quoi penser.»
Le lendemain avait lieu une rencontre du groupe de motivation. Après la rencontre, je demandai à Louise de demeurer avec moi quelques minutes. Je lui dis alors:
«Veux-tu me dire qu'est-ce qui t'a le plus intéressée depuis le début du groupe de motivation?
— La pensée positive, dit-elle. Je pratique chaque soir ce que tu nous a enseigné.»

Voici ce que je suggère aux élèves:
«Le soir, avant de vous endormir, fermez les yeux et faites dérouler dans votre esprit tous les beaux projets que vous aimeriez voir se réaliser. Et surtout, voyez-vous gagnant.»

Ainsi, un élève qui a perdu confiance en lui à cause de ses échecs se voit en train de réussir. Il imagine ses parents, ses enseignants et ses camarades qui le félicitent d'avoir obtenu de beaux résultats. Il regarde défiler dans sa tête une histoire qu'il a imaginée et dans laquelle il est la vedette. Il ajoute les détails qui lui font plaisir. Et, chaque soir, il regarde à nouveau son film intérieur. Il s'endort sur ces images. Quelquefois, la nuit, il revit son film en rêve. Et le matin, quand il se lève, au lieu d'être déprimé, il est enthousiasmé. C'est en tant que gagnant, et non comme perdant, qu'il s'en va à l'école.

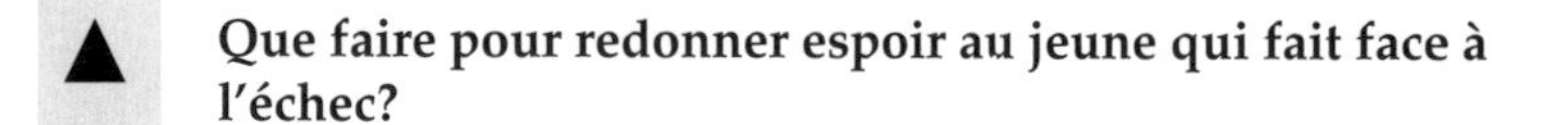

▲ **Que faire pour redonner espoir au jeune qui fait face à l'échec?**

■ Explorer avec lui les circonstances qui entourent l'échec:
- La somme de travail fournie était-elle suffisante?
- La méthode d'étude utilisée était-elle efficace?
- Tous les travaux scolaires ont-ils été remis?
- L'absence à un examen a-t-elle entraîné la note «0»?
- Un manque d'information dû à une ou des absences en classe a-t-il contribué à l'échec?

■ Encourager le jeune à utiliser tous les moyens proposés pour reprendre confiance en lui.

■ Valoriser le moindre petit succès contribue souvent à lui faire prendre conscience de ses talents; valoriser non seulement les petits succès scolaires, mais aussi tout ce que le jeune peut réussir, incluant même les travaux manuels.

▼ **Ce qu'il faut éviter**

■ Éviter de faire passer l'échec sur le compte de l'incapacité du jeune.

■ Éviter d'humilier le jeune à cause de faibles résultats scolaires.

Ne pas s'éparpiller. Posséder de l'argent, c'est le souhait de la plupart des gens. Les jeunes n'y échappent pas. Certains sont obligés de travailler pour survivre pendant leurs études, mais d'autres le font pour se payer du superflu.

Il peut être salutaire, pour un élève, de se poser la question suivante: Est-ce que je préfère bien réussir à l'école et gagner de l'argent plus tard avec le métier auquel je me serai préparé ou bien je préfère gagner de l'argent maintenant au détriment de ma réussite scolaire?

Le travail rémunéré est souvent nuisible au succès scolaire.

Comme le signale un avis donné au ministre de l'Éducation par le Conseil supérieur de l'éducation[7], le travail rémunéré des jeunes comporte des inconvénients.

De façon générale, «mener de front études et emploi peut amener le jeune à moins investir dans sa démarche scolaire.»

Voici quelques-uns des inconvénients particuliers occasionnés par le manque d'investissement de l'élève dans sa démarche scolaire mentionnés dans l'avis du C.S.E.:

- Réduction du temps consacré à l'étude.
- Absentéisme plus fréquent.
- Accumulation de la fatigue et réduction de la capacité de concentration.
- Réduction de l'investissement dans les apprentissages scolaires qui entraîne une diminution de la motivation et, du même coup, une diminution de la qualité de la formation. La diminution de la qualité de l'apprentissage peut revêtir plusieurs formes:
  - diminution du rendement scolaire (baisse des notes);
  - échec dans les matières où l'élève a moins de facilité;
  - abandon de l'école.
- Diminution des attentes professionnelles, c'est-à-dire baisse des aspirations.

Des centaines d'entrevues individuelles à l'appui, il est possible d'affirmer que les inconvénients relevés par le C.S.E. sont bien réels.

7. CONSEIL SUPÉRIEUR DE L'ÉDUCATION, *Le travail rémunéré des jeunes: vigilance et accompagnement éducatif*, Québec le 23 janvier 1992.

Quelques chiffres

■ La recherche effectuée en novembre 1993, déjà citée antérieurement, interrogeait les élèves au sujet du travail rémunéré en dehors des classes. En voici les résultats: 1 227 élèves sur 2 115 ont un travail rémunéré en dehors des heures de classe, soit 58 %. Ce taux coïncide presque avec le taux d'échec de 53 %.

LES ÉLÈVES QUI COMBINENT ÉCOLE ET TRAVAIL		
Travaillent un soir par semaine	233	11 %
Travaillent deux soirs par semaine	169	8 %
Travaillent trois soirs par semaine	169	8 %
Travaillent le soir et la fin de semaine	275	13 %
Travaillent la fin de semaine seulement	381	18 %
	1 227	58 %

Il y a des élèves qui travaillent au lieu d'étudier et d'autres qui quittent définitivement l'école parce qu'ils ont trouvé une «jobine» au salaire minimum. Après quelque temps, les uns et les autres perdent leurs illusions.

Certains quittent l'école en disant que l'instruction ne sert à rien, puisque leur grand-père a fait fortune avec une 4e année. Ils oublient de considérer que leur grand-père vivait dans un monde bien différent du nôtre. Aujourd'hui, les exigences de l'accès à l'emploi ne sont plus les mêmes.

D'autres laissent l'école en disant qu'il y a des chômeurs instruits. C'est vrai qu'il en existe. Cependant, quand un emploi est offert, les chômeurs instruits ont la préférence sur les chômeurs non instruits.

Un suivi scolaire pour raccrocheurs (1984 à 1988) a démontré que les élèves qui revenaient à l'école avaient tous tenté leur chance sur le marché du travail. Et, au terme de leur expérience, ils revenaient à l'école convaincus que la meilleure solution était de poursuivre leurs études.

Vaut-il mieux travailler maintenant et toujours demeurer au même point ou se priver un peu et préparer sa carrière?

C'est un choix à faire, mais après y avoir bien réfléchi.

Un rêve qui se dégonfle

■ *À l'intérieur de ma tâche de remotivation, je m'occupe d'un centre d'information scolaire et professionnelle. J'aide les élèves à découvrir un rêve d'avenir qui les motive à ne pas quitter l'école et, quelquefois, à étudier plus.*

Un jour, deux élèves de 5e secondaire entrèrent au centre d'information scolaire. Au terme de leur recherche, l'une s'intéressa à la profession d'ingénieur et l'autre à celle de médecin. Ils vinrent alors me demander si je croyais qu'ils étaient capables d'arriver à exercer ces professions. Me prenaient-ils pour un devin ou un magicien? Je répondis en leur demandant comment étaient leurs notes en mathématiques et en sciences physiques. Car pour devenir ingénieur, il faut s'inscrire en sciences pures et appliquées au cégep et, pour devenir médecin, c'est en sciences de la santé qu'il faut être admis. Les préalables du secondaire, dans chacune de ces options sont: mathématiques et sciences physiques 536. De plus, une moyenne générale autour de 80 % est souhaitable.

Ces deux jeunes me regardèrent l'air un peu découragé et me dirent:
«Nous on n'est pas forts.
— Avez-vous de la misère à comprendre? demandai-je.
— Non, on travaille après l'école.
— Il va vous falloir choisir entre l'école et le travail.
— On va y penser, dirent-ils.»

Lors des inscriptions au cégep, je les ai revus. Ils étaient inscrits en sciences humaines sans mathématiques parce que leurs notes étaient trop faibles. C'est ce qu'on appelle une baisse dans les aspirations.

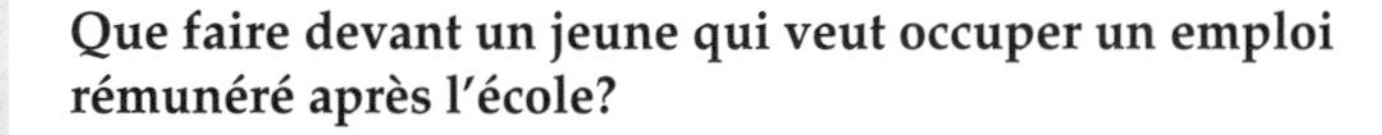

Que faire devant un jeune qui veut occuper un emploi rémunéré après l'école?

- Discuter avec lui des inconvénients signalés par le Conseil supérieur de l'éducation au sujet du travail rémunéré après l'école.
- Amener le jeune à discerner ce qui est le plus important pour lui car la décision lui appartient.
- Suggérer au jeune de négocier son horaire de travail avec son patron afin de lui permettre de consacrer plus de temps à l'étude.
- Au besoin, augmenter l'argent de poche si cela favorise vraiment l'étude.

Ce qu'il faut éviter

- Éviter de forcer le jeune à occuper un emploi rémunéré après l'école, à moins d'une nécessité. Les études en souffrent toujours.
- Éviter de forcer le jeune à quitter un emploi rémunéré contre son gré. Dans une telle situation, l'étude n'augmentera probablement pas.

Ne pas laisser les parents décrocher. Bon nombre de parents décrochent de l'école lorsque leur enfant atteint le secondaire. Enfin libérés après six années d'intense collaboration avec l'école primaire, des parents décident de prendre un peu de temps pour respirer.

D'autres décrochent de l'école parce qu'ils sont fatigués de se battre avec leur enfant pour l'envoyer à l'école et le faire étudier.

Pour beaucoup de jeunes, les parents sont des pourvoyeurs. Ils les logent, les nourrissent et leur fournissent l'argent de poche. Et pourtant, leur opinion n'est pas toujours bienvenue.

Si les parents paraissent dérangeants, c'est parce qu'ils remplissent bien leur rôle. Ce sont eux qui conseillent d'étudier, qui fixent des limites et ne permettent pas de tout faire. Être dérangeants fait peut-être partie du rôle d'éducation et de supervision des parents! Et lorsqu'ils cessent d'être dérangeants et qu'ils deviennent vraiment très «cool», c'est peut-être parce qu'ils ont décroché de leur rôle.

Laisser tomber ou s'accrocher?

■ *D'une part le point de vue d'une mère...*
Après une conférence que je venais de donner une mère vint me parler: «Monsieur, dit-elle, j'ai décroché parce que je suis tannée de me faire traiter d'«achalante» et de me faire pratiquement engueuler chaque fois que je veux rappeler à mon fils que c'est le temps d'étudier et de faire ses devoirs. J'ai décroché. Maintenant, qu'il se débrouille. Qu'il échoue et qu'il se cogne le nez sur des portes fermées parce qu'il n'a pas étudié. Moi, je ne m'en mêle plus.»
D'autre part, le point de vue d'un jeune...
Un jeune venait de recevoir son diplôme de fin d'études secondaires. Il dit à sa mère: «Tiens, maman, je te le donne, tu l'as gagné. Sans toi, je ne l'aurais jamais eu.»

Que faire devant la résistance d'un jeune à étudier?

- Continuer à chercher des éléments de motivation à l'étude.
- Vérifier si le jeune a un rêve d'avenir. S'il y a lieu, l'aider à en découvrir un.
- Au besoin, consulter un intervenant de l'école.
- Continuer d'encadrer l'enfant et de lui rappeler ses obligations malgré sa résistance. Même s'ils le nient, les enfants ont toujours besoin de leurs parents. Leur révolte apparente est souvent la façon qu'ils utilisent pour dire qu'ils sont fatigués, anxieux, désemparés, etc.
- Devant un refus catégorique d'étudier, rappeler au jeune les conséquences possibles de son choix: échec, décrochage scolaire et entrée sur le marché du travail sans préparation.

Ce qu'il faut éviter

- Éviter d'abandonner la partie trop facilement, car au fond d'eux-mêmes, les enfants apprécient la persévérance des parents, même lorsqu'ils la contestent.
- Éviter que l'argument d'autorité (punitions, etc.) soit le seul présenté au jeune pour l'inciter à étudier.
- Devant une résistance qui semble invincible, éviter de compromettre la paix de toute la famille.

Prendre ce qui est offert. L'être humain est un être de relation. On peut traduire cette affirmation de façon imagée, en cinq mots: «Nul n'est une île». Chacun entretient des liens d'interdépendance avec d'autres êtres et avec des institutions comme la famille, l'école, l'Église, etc.

Il est bon, de temps en temps, de se resituer par rapport à ceux et celles avec qui des liens sont entretenus.

Il est impossible de demeurer au sein d'une société et de se considérer comme une île, c'est-à-dire isolé et indépendant. Tant qu'une personne vit dans une société, elle y est liée, qu'elle le veuille ou non. Cela signifie que la société a des obligations envers les citoyens et que ceux-ci ont des obligations envers la société.

L'intégration à la société s'appelle «socialisation».

Par la socialisation, l'individu connaît les lois et les normes de la société où il vit et découvre ses rôles et ses responsabilités, car toute vie en société comporte des droits et des responsabilités.

Deux institutions particulières jouent un rôle important dans la socialisation des jeunes: la famille et l'école.

La famille et l'école sont des sociétés miniatures où les jeunes commencent l'apprentissage de la vie en société. Rejeter la famille et l'école, c'est d'une certaine façon se placer en situation de marginalité.

L'ensemble des responsabilités de la famille et de l'école peut se résumer en quelques mots: conduire le jeune à la maturité et à l'autonomie.

La maturité sociale et l'autonomie signifient: être capable d'apporter sa contribution personnelle à la société et être capable de pourvoir à ses propres besoins.

La contribution personnelle, c'est ce que chaque individu peut apporter à la société, entre autres sa compétence. L'autonomie, c'est être capable de ne pas vivre aux crochets de la société.

L'importance primordiale de l'école dans l'acquisition de la compétence exigée par le marché du travail ne peut être niée.

Du point de vue des employeurs, être compétent, c'est posséder les qualifications requises pour exercer un métier ou une profession.

Avec toute la meilleure volonté du monde et les meilleurs enseignants, l'école est tout simplement incapable de donner la compétence à qui la refuse.

L'école a beau être imparfaite, elle demeure quand même le meilleur moyen de se tailler une place dans la société.

De l'école à la rue

■ *Une personne clé dans l'aide aux itinérants me dit: «Les nouveaux itinérants qui arpentent la rue Sainte-Catherine et qui sont privés de nourriture et de gîte ont entre 16 et 30 ans et sont pour la plupart des décrocheurs scolaires rejetés par leur famille.»*

RECOMMANDATIONS AUX PARENTS

▲ **Que faire face à un jeune qui quitte l'école?**

■ Reconnaître le décrochage scolaire comme une étape qui peut s'avérer positive dans le cheminement de l'enfant.
■ Exiger que le jeune vive au rythme de la famille: qu'il se couche à une heure raisonnable et se lève le matin pour aller chercher du travail.
■ L'aider à trouver un emploi et ainsi l'amener à réaliser les exigences réelles du marché du travail car une expérience sur le marché du travail peut le motiver à réintégrer l'école.
■ Lui suggérer de demander de l'aide à un organisme pour jeune décrocheur. Exemple: IMT (Intégration au marché du travail).
■ Lui permettre de réintégrer l'école s'il le décide à la suite de son expérience comme travailleur.

▼ **Ce qu'il faut éviter**

■ Ne pas tolérer que le jeune décrocheur demeure oisif et qu'il inverse le jour et la nuit.
■ Éviter de le jeter à la rue parce qu'il refuse d'aller à l'école.

Faire preuve d'envergure. On ne va pas à l'école uniquement pour remplir une fonction sociale ou encore pour gagner de l'argent. On peut y aller pour se faire plaisir. Le plaisir de connaître et de comprendre. Connaître le monde et le comprendre; se connaître et se comprendre.

L'école n'a pas qu'une seule responsabilité, c'est-à-dire préparer à exercer un métier. Si c'était son seul but, on n'y enseignerait que les matières essentielles à ce métier.

Les robots ne vont pas à l'école

▪ *Les élèves me posent souvent la question suivante: «À quoi ça sert d'apprendre la géographie? Je ne veux pas faire un géographe, moi!»*
Dans cette question, on peut remplacer «géographie et géographe» par «histoire et historien», par «biologie et biologiste», par «morale et moraliste», par «économie et économiste», et par bien d'autres matières et professions.
L'école n'enseigne pas que les matières essentielles à l'apprentissage d'un métier ou d'une profession. Ce que l'école donne en plus de l'essentiel s'appelle «la culture».
Le mot «culture» signifie ici tout ce qui est utile pour se comprendre et comprendre le monde.
Dire non à la culture, c'est se préparer à poser bien souvent la question suivante: «C'est quoi, ça?».
Un robot ne fait que ce qu'il sait faire. Il est programmé. S'il est programmé pour faire de la soudure, il ne sait faire que cela. Il ne sait rien d'autre, il ne comprend rien et ne s'intéresse à rien. Il n'a pas d'intelligence.
L'être humain est plus qu'un robot, car il comprend ce qu'il fait. Il comprend le monde qui l'entoure. Il peut adopter divers comportements. L'école ne forme pas des robots.

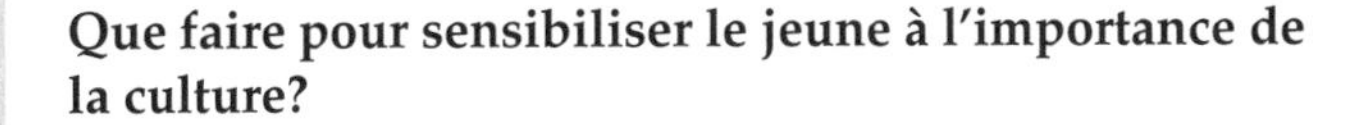

▲ **Que faire pour sensibiliser le jeune à l'importance de la culture?**

■ Voyager avec son enfant, l'amener visiter un musée, avoir à la maison des ouvrages de référence (dictionnaires et encyclopédies). Bref, des instruments d'initiation à la culture.
■ Sélectionner des émissions culturelles qui passent à la télévision et en faire le visionnement en famille. Les parents qui lisent et regardent des émissions culturelles prêchent par l'exemple.

▼ **Ce qu'il faut éviter**

■ Éviter de dévaloriser l'aspect culturel de la formation des enfants au profit de ce qui rapporte de l'argent. On peut posséder les deux.
■ Éviter de ne valoriser que les matières de classe qui sont des préalables pour accéder à un autre formation au détriment de matières comme l'histoire, la géographie, la littérature, etc. Exemple: ne pas valoriser que les mathématiques et les sciences.

Y mettre du coeur. La vie, c'est comme une mine dans laquelle on peut puiser des trésors, à condition de le vouloir et d'y consacrer temps et efforts. Dans une société industrialisée où la technologie règne en maîtresse, le temps et l'effort sont des outils essentiels.

Rien ne tombe du ciel sauf, la pluie!

■ *Héléna vint me voir au Centre d'information scolaire et professionnelle. Elle me demanda: «Quels sont les emplois qui n'exigent pas beaucoup d'études et qui paient bien?*

— Tu es bien pressée, lui dis-je!
— Je ne veux pas finir trop vieille.
— Quel âge as-tu?
— Quinze ans.
— Tu es encore jeune, tu as du temps devant toi!
— Oui, mais je n'aime pas l'étude.»

Vouloir tout avoir de façon instantanée, sans y mettre le temps est irréaliste. Vouloir tout posséder sans effort l'est tout autant.

En fait, il n'y a rien de gratuit en ce bas monde. Tout se gagne. Il faut même se méfier des choses gratuites.

Le goût du travail et de l'effort s'acquiert par la pratique dans les travaux manuels à la maison et dans les travaux scolaires.

Un vieux proverbe dit: «Tu donnes un poisson à quelqu'un et tu le nourris un jour. Tu lui montres à pêcher et tu le nourris toute la vie.»

Le plus bel héritage à léguer à un enfant, c'est le goût de l'effort et du travail bien fait.

Le jeunes ont besoin d'être éduqués à l'effort. Pourquoi ne pas les associer aux tâches ménagères?

Un chat bien nourri ne chasse pas les souris. Un enfant qui obtient tout ce qu'il veut et même plus sans lever le petit doigt entretient sa pensée magique et attend tout de son entourage. Éviter de tout donner sans jamais rien demander.

BIBLIOGRAPHIE

AVARD, J., F. BOUCHER. *Réussir ses études,* Éditions de Mortagne, Boucherville, 1984.

BELLEGO, J.-Y. *Vaincre l'échec scolaire,* Éditions Ellébore, Paris, 1989.

BERNACHEZ, R. «L'enfant qui ne déjeune pas mange sa masse musculaire» dans *La Presse,* cahier C (santé), Montréal, Québec, 4 octobre 1992, p. 6.

COMMISSION DES ÉCOLES CATHOLIQUES DE MONTRÉAL, *Abandon scolaire au secondaire,* 1975.

CONSEIL SUPÉRIEUR DE L'ÉDUCATION. *Le travail rémunéré des jeunes: vigilance et accompagnement éducatif,* Québec, 23 janvier 1992.

LA FÉDÉRATION DES COMMISSIONS SCOLAIRES CATHOLIQUES DU QUÉBEC. *L'école abandonnée,* Québec, 1975.

MICHALSKI, S., L. PARADIS. *Le décrochage scolaire,* Éditions Logiques, Montréal, Québec, 1993.

RIVARD, C. *Les décrocheurs scolaires, les comprendre, les aider,* Éditions Hurtubise HMH, LaSalle, 1992.

RIVARD, C. *Le groupe de motivation en milieu scolaire,* Éditions Hurtubise HMH, LaSalle, 1992.

RIVARD, C. *Le journal de bord,* Éditions Hurtubise HMH, LaSalle, 1992.

RIVIÈRE, R. *L'échec est-il une fatalité?,* Éditions Hatierr, Paris, 1991.